le roman

AMS PRESS
NEW YORK

TREIZIÈME CAHIER DE LA DIX-HUITIÈME SÉRIE

FRANÇOIS MAURIAC

le roman

CAHIERS DE LA QUINZAINE
paraissant le dix et le vingt-cinq de chaque | mois
PARIS
L'ARTISAN DU LIVRE, 2, RUE DE FLEURUS

Library of Congress Cataloging in Publication Data

Mauriac, François, 1885-1970.
  Le roman.

  Reprint of the 1928 ed. published by L'Artisan du livre, Paris, which was issued as cahier 13, sér. 18 of Cahiers de la quinzaine.
  1. French fiction—History and criticism. 2. Fiction—History and criticism. I. Title. II. Series: Cahiers de la quinzaine; 18. sér., 13. cahier.
  PQ635.M3   1976   843'.9'1209   75-41191
  ISBN 0-404-14766-6

Reprinted from the edition of 1928, Paris
First AMS edition published in 1976
Manufactured in the United States of America

AMS PRESS INC.
NEW YORK, N. Y.

I

Le romancier est, de tous les hommes, celui qui ressemble le plus à Dieu : il est le singe de Dieu. Il crée des êtres vivants, il invente des destinées, les tisse d'événements et de catastrophes, les entrecroise, les conduit à leur terme. Personnages imaginaires ? Sans doute ; mais enfin les Rostow dans *Guerre et Paix*, les frères Karamazov, ont autant de réalité qu'aucune créature de chair et d'os ; leur essence immortelle n'est pas, comme la nôtre, une croyance métaphysique : nous en sommes les témoins. Les générations se les transmettent, tout frémissants de vie.

Quel romancier n'espère conférer aux fils de son esprit une durée indéfinie ? et comme, de tous les genres littéraires, le romanesque est celui qui trouve le plus de crédit auprès du public, et en conséquence, auprès des éditeurs, ne nous étonnons point que la plupart des gens de lettres veuillent se persuader qu'ils ont reçu, en naissant, le don divin.

Prétention injustifiée, presque toujours ; mais nul n'a le droit d'en conclure que le roman touche à son déclin ; car à toutes les époques les très grands romanciers ont été des solitaires. N'empêche que, si le roman n'est pas mort, il faudrait s'aveugler pour ne pas reconnaître qu'il existe une crise du roman. Il ne subirait pas tant d'attaques si nous n'avions tous, écrivains et lecteurs, conscience de cette crise. Mais, alors que quelques-uns y découvrent les prodromes de l'agonie et de la fin prochaine, nous croyons y voir les signes d'une mue, les péripéties d'un passage, — mue dangereuse, passage périlleux, — et cependant nous ne doutons pas que le roman doive sortir de l'épreuve, renouvelé, rajeuni, peut-être même prodigieusement enrichi.

II

En quoi consiste cette crise ? Le romancier crée des hommes et des femmes vivants. Il nous les montre en conflit : conflit de Dieu et de l'homme dans la religion, conflit de l'homme et de la femme dans l'amour, conflit de l'homme avec lui-même. Or, s'il fallait définir en romancier ce temps d'après-guerre, nous dirions que c'est une époque où diminuent de plus en plus d'intensité les conflits dont le roman avait vécu jusqu'à ce jour. Formule un peu simple évidemment et dont nous n'usons que pour les commodités du discours. De même, nous ne voulons pas imaginer un abîme entre la société d'aujourd'hui et le monde d'avant-guerre : la plupart des traits du monde actuel que nous allons relever, on les observait dès avant 1914, et bien au delà ; il faudrait remonter jusqu'à l'avant-dernier siècle.

Mais ce qui est particulier à notre époque, c'est cette sincérité redoutable qui détourne beaucoup de jeunes hommes de tenir compte dans leur vie des valeurs auxquelles ils ne croient pas. Ne demandez plus à cette génération comme à celle des années 80 de vivre du parfum d'un vase brisé. Il arrive souvent que le jeune homme, aujourd'hui, n'accepte d'entrer en conflit ni avec une religion à laquelle il n'adhère pas, ni avec une morale issue de cette religion, ni avec un honneur mondain issu de cette morale. S'il advient qu'un jour il se convertisse, alors toute sa vie en sera transformée et il s'orientera corps et âme selon sa nouvelle croyance. Mais tant qu'il y demeure étranger, c'est complètement et sans aucune feinte : la passion chez lui ne se heurte à aucune barrière, ne connaît aucune digue : les conflits n'existent plus. Il est très remarquable qu'un roman tel que le *Dominique* de Fromentin, dont nous célébrions l'an dernier le centenaire, délices de nos jeunes années, demeure à peu près incompréhensible pour un garçon de 1927. « Faux chef-d'œuvre ! » s'écriait, un jour, M. Léon Daudet. Non certes faux chef-d'œuvre — mais chef-d'œuvre dont la génération actuelle a perdu la clef. « Dominique ou l'honneur bourgeois », ainsi le définissait admirablement Robert de

Traz. Que peut signifier cette expression exquise : honneur bourgeois, pour un garçon d'aujourd'hui ? Demandez au plus subtil d'entre eux pourquoi Dominique et Madeleine de Nièvres ne cèdent pas au désir qu'ils ont l'un de l'autre... Mais il vous répondra qu'il n'a pas lu *Dominique*

Ces sortes de conflits sont devenus inintelligibles ; mais même des drames plus frappants ne sont plus compris. Une jeune femme, un jour, m'avouait ne rien entendre à la *Phèdre* de Racine, à ses remords, à ses imprécations. « Que de bruit pour rien ! me disait-elle. Comme si ce n'était pas la chose la plus ordinaire du monde que d'être amoureuse de son beau-fils ! Voici beau temps que Phèdre séduit Hippolyte en toute sécurité de conscience et Thésée lui-même ferme les yeux. » L'aventure de Phèdre ne fournirait plus aujourd'hui la matière d'une tragédie.

Comment une époque où ce qui touche à la chair a perdu toute importance serait-elle une époque féconde pour les romanciers ? La crise du roman, sans aucun doute, elle est là. Certes, d'autres conflits se sont atténués où s'alimentaient beaucoup de romans d'autrefois ; et par exemple le cosmopolitisme, l'égalitarisme, la confusion des races et des classes ne permettraient plus à Georges Ohnet d'écrire ses *Maître de Forges* et ses *Grande Marnière* : quel grand seigneur hésiterait aujourd'hui à donner sa fille à un maître de forges !

Mais cette logique terrible qui pousse notre monde sans Dieu à considérer l'amour ainsi qu'un geste comme un autre, voilà pour le roman la plus grave menace. Ce qui autrefois s'appelait amour, apparaît à beaucoup de garçons d'aujourd'hui plus éloigné du réel que ne le sont, de la nature, les jardins de Versailles. Les jeunes femmes savent bien qu'elles ne doivent plus se fier à ce vieux jeu aux règles charmantes : la trahison n'est plus la trahison ; fidélité devient un mot dénué de sens, puisque, en amour, plus rien n'existe de permanent. Méditez sur ce seul titre d'un chapitre de Proust : *les intermittences du cœur*. Ce qui naguère encore s'appelait : amour, était un sentiment complexe, œuvre des générations raffinées, tout fait de renoncement, de sacrifice, d'héroïsme et de remords. La religion l'étayait, et la morale chrétienne. Ces belles eaux pleines de ciel ne se fussent pas accumulées sans les barrages des vertus catholiques. L'amour est né de toutes ces résistances dans la femme vertueuse et tentée : princesses de Racine immolées à l'ordre des dieux, à la raison d'État. L'amour ne saurait survivre à l'effritement des digues qui le retenaient. Devant l'armée des jeunes hommes en révolte contre les règles du jeu amoureux, les femmes perdent la tête, et comme chez les rois mérovingiens, le retranchement de leurs cheveux devient le signe de leur abdication.

III

Devant cette société où les conflits romanesques se réduisent de plus en plus, que fera le romancier ? Il peut d'abord, — et c'est la méthode la plus simple, et nous savons par expérience qu'elle est féconde, — il peut d'abord, sans chercher plus loin, appliquer la fameuse définition de Saint-Réal « un roman est un miroir promené sur une grand'route » ; en un mot, ne pas se poser de questions, peindre son époque telle qu'elle est, faire scrupuleusement son métier d'historien de la société. Dans ce cas, l'absence de conflits, bien loin de le gêner, sera l'objet même de sa peinture. Ainsi fit naguère M. Abel Hermant. Paul Morand, aujourd'hui, y dépense un art admirable ; dans *Ouvert la nuit*, dans *Fermé la nuit*, Morand nous montre des hommes et des femmes de toutes races, de toutes classes, qui se cherchent, se prennent, se quittent, se retrouvent, ignorants de toute barrière, soumis à l'instinct du moment, d'autant plus incapables de plaisir qu'ils ne connaissent aucune autre loi que celle qui les oblige à raffiner toujours davantage sur leurs sensations. Plus ils s'abaissent, plus ils se souillent et moins ils le savent et moins surtout il leur est possible de croire que ce qui touche à la sensualité présente la plus minime importance.

Peinture impitoyable et féroce ; Morand

l'a réussie avec ces prestiges qui lui sont propres. Mais ses nombreux imitateurs, avouons qu'ils sont bien ennuyeux.

C'est que l'histoire d'une société amorphe ne peut être récrite indéfiniment, comme l'étaient par nos prédécesseurs les conflits de l'esprit et de la chair, du devoir et de la passion.

Ici, les adversaires du roman, avouons-le, marquent un point. Ils peuvent me dire : « Vous reconnaissez vous-même que les romanciers d'aujourd'hui sont engagés dans une impasse et qu'ils ne trouvent pas d'issue. » Sans doute pourrions-nous leur objecter : « Et le roman d'aventures ? » Ce que l'on a appelé le renouveau du roman d'aventures nous apparaît, en effet, comme un effort pour se frayer ailleurs une voie ; puisque leur faisaient défaut les drames de la conscience humaine, des écrivains se sont rabattus sur les péripéties, les intrigues extraordinaires qui tiennent le lecteur haletant. Je me garderai bien de médire ici du roman d'aventures. Mais, à mon avis, le roman d'aventures n'a le droit d'être considéré comme une œuvre d'art que dans la mesure où les protagonistes y demeurent des hommes vivants, des créatures vivantes comme le sont les héros de Kipling, de Conrad et de Stevenson. En un mot, ce qui importe pour que le roman d'aventures existe littérairement, ce ne sont pas les aventures, c'est l'aventurier. Stendhal disait que son métier était de connaître les motifs des actions des hommes ; il se glorifiait du titre d'observateur du genre humain. Eh bien, le romancier tout court doit être, lui aussi, un psychologue ; il se trouve aujourd'hui, comme nous tous, aux prises avec une humanité terriblement appauvrie du côté de l'âme ; mais en essayant de se rabattre sur l'intrigue extérieure, il n'enrichit pas le roman, il le diminue. J'avoue beaucoup moins attendre des romanciers d'aventures que de ceux qui, à la suite d'Alain-Fournier, l'auteur de l'admirable *Grand Meaulnes*, et avec Jean Giraudoux, avec Edmond Jaloux, avec Jacques Chenevière, ouvrent au romancier le royaume de la Fantaisie et du Songe. Mais il n'est donné qu'à très peu d'écrivains d'y pénétrer : c'est là un terrain réservé à la postérité de Shakespeare.

IV

Ne désespérons pas cependant, cherchons ailleurs, nous qui n'avons pas de fantaisie ; demandons-nous si, parmi les romanciers vivants, quelques-uns ne frayent pas une route. Dans un article des *Nouvelles littéraires*, M. Paul Morand, à son retour d'Orient, exprimait son dégoût de notre civilisation bassement matérielle et jouisseuse ; il admirait que les peuples qu'il venait de visiter fussent plus que nous établis dans l'absolu et qu'une perpétuelle méditation leur rendît la mort familière. Morand nous invitait à considérer dans son œuvre une dérision, une moquerie de la civilisation occidentale qui satisfait nos appétits, mais ignore notre plus profonde aspiration. Ainsi nous apparaît déjà comment l'historien de la société moderne peut élargir son horizon. Même s'il est dépourvu de tout esprit religieux, il n'en décrit pas moins, qu'il le veuille ou non, ce que Pascal appelait la misère de l'homme sans Dieu.

Nul n'y a mieux réussi qu'un grand écrivain vivant, et qui est une femme, — si je ne me trompe, fort indifférente en matière de religion : Colette. Qui n'a lu *Chéri* et *la Fin de Chéri*? Impossible d'imaginer une humanité plus pauvre, plus démunie, plus boueuse. Un enfant élevé par de vieilles courtisanes retraitées, les amours de cet enfant et d'une femme sur le retour et qui pourrait être sa mère, — tout cela dans une atmosphère de jouissance et de basse crapule, — un parti pris de ne rien voir, de ne rien connaître que les mouvements de la chair... et pourtant ces deux livres admirables, c'est trop peu de dire qu'ils ne nous abaissent pas, qu'ils ne nous salissent pas ; la dernière page ne laisse en nous rien qui ressemble à cet écœurement, à cet appauvrissement dont nous souffrons à la lecture de tels ouvrages licencieux. Colette, avec ses vieilles courtisanes, ce beau garçon animal et misérable, nous émeut au plus profond, nous montre jusqu'à l'horreur l'éphémère miracle de la jeunesse, nous oblige à ressentir le tragique de ces pauvres vies qui mettent tout leur enjeu sur un amour aussi périssable, aussi corruptible que l'est son objet même : la chair. Ainsi ces livres font songer à ces égouts des grandes villes qui tout de même se jettent dans le fleuve et, confondus avec lui, atteignent la mer. Cette païenne, cette charnelle nous mène irrésistiblement à Dieu.

Qu'est-ce à dire, sinon que le romancier d'aujourd'hui, et qui ne peut plus étudier les conflits moraux, sociaux ou religieux dont vivaient ses prédécesseurs, — le romancier à qui commence d'échapper même l'étude de l'amour, du moins tel qu'on le concevait autrefois (puisque l'amour ressemble à un vieux jeu aux règles désuètes et trop compliquées que les garçons d'aujourd'hui ne reconnaissent plus) — le romancier se trouve donc amené à ne plus s'attacher à d'autres sujets que la chair. Les autres régions lui étant interdites, le romancier s'aventure, avec une audace croissante, sur des terres maudites où naguère encore nul n'aurait osé s'engager. Ici, je pense aux livres de Gide et de Proust, à ceux de Joyce, à ceux de Colette, de Morand et de Lacretelle; et je prêche un peu pour ma paroisse.

Et sans doute, ce qu'ont osé faire certains romanciers d'aujourd'hui: ce regard jeté sur les plus secrets mystères de la sensibilité, cela sans doute est grave — d'une gravité qu'a mieux que personne comprise et exprimée Jacques Maritain dans quelques lignes qui posent le problème en toute clarté. J'extrais cette page de son étude sur J.-J. Rousseau parue dans un livre intitulé *Trois Réformateurs* : « Rousseau nous vise, non à la tête, mais un peu au-dessous du cœur. Il avive en nos âmes les cicatrices mêmes du péché de nature, il évoque les puissances d'anarchie et de langueur qui sommeillent en chacun de nous, tous les monstres qui lui ressemblent... Il a appris à notre regard à se complaire en nous-mêmes et à se faire le complice de ce qu'il voit ainsi, et à découvrir le charme de ces secrètes meurtrissures de la sensibilité la plus individuelle, que les âges moins impurs abandonnaient en tremblant au regard de Dieu. La littérature et la pensée modernes, ainsi blessées par lui, auront beaucoup de peine à retrouver la pureté et la rectitude qu'une intelligence tournée vers l'être connaissait autrefois. Il y a un secret des cœurs qui est fermé aux anges, ouvert seulement à la science sacerdotale du Christ. Un Freud aujourd'hui, par des ruses de psychologue, entreprend de le violer. Le Christ a posé son regard dans les yeux de la femme adultère et tout percé jusqu'au fond ; Lui seul le pouvait sans souillure. Tout romancier lit sans vergogne dans ces pauvres yeux, et mène son lecteur au spectacle. »

V

Je ne sais rien de plus troublant que ces lignes pour un homme à qui est départi le don redoutable de créer des êtres, de scruter les secrets des cœurs. Je me sépare sur un point de Jacques Maritain : rien ne me semble plus injuste que de charger un seul homme d'une telle responsabilité. Non ; si Rousseau est un des pères de la sensibilité moderne, s'il a été l'un des premiers atteint des maux dont nous avons hérité, le mouvement qui nous entraîne à violer ces secrets, à découvrir ces meurtrissures cachées, ne vient pas de lui seul; et s'il n'eût pas existé, nul doute que les romanciers d'aujourd'hui eussent été obsédés, attirés par les mêmes régions interdites; explorateurs qui voient se restreindre chaque jour davantage, sur la carte du monde, la zone des terres inconnues.

Pourtant si les conflits éternels dont le roman a vécu depuis un siècle ont perdu aujourd'hui beaucoup de leur acuité, il n'empêche que ces conflits existent encore; l'univers de Morand n'est pas tout l'univers; il y a des provinces où les vieilles digues tiennent bon. La famille provinciale française, en 1927, fournirait encore un Balzac de plus de sujets qu'il n'en pourrait traiter pendant toute sa vie. Ces drames existent, et mes lecteurs savent que je suis de ceux qui y puisent encore le moins mauvais de leur œuvre, mais c'est souvent l'écrivain lui-même qui ne s'y intéresse plus, et qui ne peut plus s'y intéresser, parce que justement il y a eu Balzac, et un nombre infini de sous-Balzac. Je ne sais plus quel critique parfois soupire, en coupant les pages d'un livre nouveau : « Encore un Balzac ! » Que nous voilà loin de l'affirmation de Brunetière : « Depuis cinquante ans, un bon roman est un roman qui ressemble d'abord à un roman de Balzac. » Nous serions, au contraire, tenté de dire : un roman nouveau n'attire plus notre attention que dans la mesure où il s'éloigne du type balzacien. C'est que dans la forêt que le géant Balzac avait déjà terriblement exploitée, d'autres sont venus qui ont abattu tout ce qui subsistait, et il ne nous reste que de chanter avec Verlaine : « Ah !

tout est bu ! tout est mangé ! plus rien à dire ! »

La postérité de Balzac, et en particulier le plus illustre de ses fils, notre maître Paul Bourget, a étudié l'homme en fonction de la famille et de la société. Ces écrivains se sont fait de leur métier une idée très haute. Ils ont voulu servir la collectivité, la cité ; toute la puissance de leur art est tournée contre l'individu. Balzac, lui, avait d'abord fait concurrence à l'état civil et créé un monde, sans chercher à rien prouver (au moins, dans la plupart de ses ouvrages ; il y a des exceptions, comme *le Médecin de campagne*), il a presque toujours écrit sans aucune arrière-pensée de partisan ; ce n'est qu'après coup que, de sa *Comédie humaine*, il dégagea les principes nécessaires à la vie sociale. Ses héritiers ont fait le chemin inverse et ils ont illustré d'exemples romanesques les lois éternelles de la sagesse conservatrice. Œuvre utile, œuvre admirable, et qui a donné tout son fruit (comme le monde l'a vu en 1914), mais justement, c'est peut-être le contre-coup de l'immense hécatombe ; nous sommes affligés aujourd'hui d'une incapacité redoutable pour enrôler notre art au service d'une cause, aussi sublime fût-elle ; *nous ne concevons plus une littérature romanesque détournée de sa fin propre qui est la connaissance de l'homme.*

Sans doute un Bourget, dès ses débuts, professait-il les mêmes sentiments, et dans la dédicace à M. Taine d'*André Cornélis,* il comparait ce livre puissant à une planche d'anatomie morale faite selon les plus récentes données de la science de l'esprit. Mais nous doutons aujourd'hui qu'il y ait une science de l'esprit. Nous redoutons plus que tout d'introduire dans le roman les procédés de l'histoire naturelle. Reconnaissons que jamais, autant qu'à l'école de M. Taine, ne régnèrent en philosophie comme en littérature, les généralités, les affirmations non prouvées ; asservi à la théorie fameuse de la race, du milieu et du moment, jamais on n'eut si peu le sens, le goût de la chose telle qu'elle est, jamais on ne se soucia moins de saisir l'individu dans sa réalité, ni de l'étudier comme un être particulier, unique. M. Léon Brunschvicg, dans un récent article sur la littérature philosophique du dix-neuvième siècle, citait cette singulière profession de foi de Taine, extraite de son discours de réception à l'Académie :

« Par bonheur, disait Taine, autrefois comme aujourd'hui, dans la société il y avait des groupes, et, dans chaque groupe, des hommes, semblables entre eux, nés dans la même condition, formés par la même éducation, conduits par les mêmes intérêts, ayant les mêmes besoins, les mêmes goûts, les mêmes mœurs, la même culture et le même fond. Dès que l'on en voit un, on voit tous les autres; en toute science, nous étudions chaque classe d'objets sur des échantillons choisis. »

On ne saurait pousser plus loin le mépris des différences individuelles sur quoi repose le roman d'aujourd'hui; et M. Léon Brunschvicg a beau jeu d'opposer à Taine cette seule ligne de Pascal : « A mesure qu'on a plus d'esprit, on trouve qu'il y a plus d'hommes originaux. » C'est dans ce sens que notre génération réagit violemment contre l'école de Taine, — dans un sens où il semble bien que nos cadets doivent aller encore plus loin que nous.

Nos cadets — et aussi quelques-uns de nos aînés : les derniers ouvrages de M. Henry Bordeaux témoignent, dans cette direction, d'un renouvellement profond.

L'été dernier, une jeune revue : *les Cahiers du mois,* réunissait sous le titre *Examens de conscience* les confessions de très jeunes gens dont beaucoup n'ont pas encore débuté dans les lettres. Si Jacques Maritain les a lues, il a pu comprendre combien irrésistible est cet instinct qui nous éloigne, nous et ceux qui nous suivent, d'une littérature romanesque oratoire, combative, dont les personnages représentatifs d'une race, échantillons d'une classe, ou d'une génération, seraient mobilisés en faveur de telle ou telle idéologie ; — il a pu mesurer la force de cet élan qui nous rapproche au contraire chaque jour un peu plus de ce secret des cœurs, —

de chaque cœur considéré comme un monde, comme un univers différent de tous les autres, — comme une solitude enfin. Nous avons perdu — et c'est peut-être un grand malheur — le sens de l'indignation et du dégoût, nous osons lire dans les plus pauvres yeux, parce que rien ne nous indigne, rien ne nous dégoûte de ce qui est humain.

L'un des jeunes collaborateurs aux *Cahiers du mois*, M. Alain Lemière, écrit par exemple ceci : « Je ne crois qu'aux réalités précises, qu'à ce qu'on peut toucher avec les mains et je vis surtout en moi-même. Aussi, quand j'écris, je cherche à rendre surtout le volume des choses et leur chaleur, leur densité, leur mollesse ou leur fermeté. L'exacte pesanteur de la vie. Je veux faire toucher. Je n'écris que pour les mains. Mais je veux dépasser les volumes. La psycho-physiologie procure le plaisir de travailler dans la chair vivante, de sentir entre ses doigts la chair vivre sa vie organique et bestiale. O meilleure joie que de modeler. Donner la vie à la chair; y pousser du sang. L'avoir créée selon ses tendances et la sentir vous échapper, parce qu'elle est sujette, comme tout ce qui vit, aux lois de la nature. Qu'importent les incommodités dégoûtantes qui répugnent aux romanciers idéalistes. Il n'y a pas de sujets nobles, il n'y a que la vie et ses exigences. »

Dans ces quelques lignes, tient l'essentiel de ces examens de conscience. La préoccupation d'être humain, le désir de ne rien laisser échapper de toutes les réalités de l'homme, voilà je crois les sentiments qui nous dominent tous, aînés et cadets. Oui, la connaissance de l'homme;

et aussi frappés que nous soyons par
l'avertissement solennel de Maritain, rien
ne nous détourne d'aller de l'avant, —
d'autant plus que des maîtres nous ont
précédés dans cette voie, et que le charme
a été rompu qui interdisait naguère à
l'écrivain l'approche de certains sujets.
Proust, de ce point de vue, a eu sur toute
la génération qui le suit une influence
profonde. Ces mystères de la sensibilité,
dont Maritain nous adjure de détourner
notre regard, Proust nous enseigne que
c'est par eux que nous atteindrons le tout
de l'homme ; il nous flatte de l'espoir
qu'en violant ce qu'il y a de plus secret
dans l'être humain; nous avancerons
dans sa connaissance plus loin même
que n'ont fait les génies qui nous ont précédés ; et il est certain qu'au delà de la vie
sociale, de la vie familiale d'un homme,

au delà des gestes que lui imposent son milieu, son métier, ses idées, ses croyances, existe une plus secrète vie : et c'est souvent au fond de cette boue cachée à tous les yeux, que gît la clef qni nous le livre enfin tout entier.

On m'objectera : « Ne risquez-vous pas de vous cantonner dans l'étude des cas exceptionnels et morbides, et bien loin de connaître tout l'homme, comme vous en aviez l'ambition, de ne plus vous intéresser qu'à ce qu'il y a en lui de monstrueux ? » Sans doute, cela peut être un péril ; néanmoins, nous sommes en droit de nous demander si la notion d'homme normal a une valeur absolue. Tous les hommes, de prime abord, font à peu près les mêmes gestes, prononcent les mêmes paroles, s'accordent à aimer et à haïr les mêmes objets ; à mesure qu'on les étudie, chacun en particulier et de plus près, leurs caractères distinctifs se dessinent, leurs oppositions s'accusent jusqu'à devenir irréductibles ; à la limite, on peut imaginer que le psychologue atteint, dans l'homme apparemment le plus normal, ce par quoi il est un homme différent de tous les autres, « le plus irremplaçable des êtres » : à la lettre, un monstre. Mettre en lumière le plus individuel d'un cœur, le plus particulier, le plus distinct, c'est à quoi nous nous appliquons.

VI

Et sans doute, ce n'est pas cela seulement que nous voulons saisir dans ce cœur, puisque notre ambition est de l'appréhender dans sa totalité ; et ici apparaît une autre tendance très nette du roman moderne, et qui l'oppose au roman issu de Balzac ; nous souhaiterions ne pas introduire dans l'étude de l'homme une logique qui fût extérieure à l'homme ; nous craignons de lui imposer un ordre arbitraire. Un héros de Balzac est toujours cohérent, il n'est aucun de ses actes qui ne puisse être expliqué par sa passion dominante, ni qui ne soit dans la ligne de son personnage ; et cela certes est excellent ; on a le droit de concevoir l'art comme un ordre imposé à la nature ; on peut considérer que le propre du romancier est justement de débrouiller, d'organiser, d'équilibrer le chaos de l'être humain. Non seulement c'est là une position défendable, mais il est même difficile de ne pas la juger légitime, si l'on songe que dans la réalité la passion violente d'un homme presque toujours le simplifie en ramenant tout à elle ; tout chez un ambitieux s'organise en vue de son avancement, et chez le voluptueux en vue de son assouvissement : c'est ce qui a permis à Balzac de créer des types, c'est-à-dire des êtres qui se résument tout entiers dans une seule passion.

Mais au milieu du dix-neuvième siècle, un romancier a paru, dont le prodigieux génie s'est appliqué au contraire à ne pas débrouiller cet écheveau qu'est une créature humaine, — qui s'est gardé d'introduire un ordre ni une logique préconçus dans la psychologie de ses personnages, qui les a créés sans porter d'avance aucun jugement sur leur valeur intellectuelle et morale ; — et de fait, il est bien difficile sinon impossible de juger les personnages de Dostoïevsky, tant chez eux le sublime et l'immonde, les impulsions basses et les plus hautes aspirations se trouvent inextricablement emmêlées. Ce ne sont pas des êtres de raison ; ils ne sont pas l'Avare, l'Ambitieux, le Militaire, le Prêtre, l'Usurier, — ce sont des créatures de chair et de sang, chargées d'hérédités, de tares ; sujets à des maladies ; capables de presque tout en bien comme en mal et de qui on peut tout attendre, tout craindre, tout espérer.

Voilà sans doute le romancier le plus différent de Balzac (et ici je considère Balzac comme un chef de file, une tête de ligne ; j'englobe sous son nom toute sa postérité). Or ce Dostoïevsky nous a tous, ou presque tous, profondément marqués. « Ce sont des Russes qu'il a peints, nous objectera-t-on ; l'illogisme, la contradiction est le propre du caractère russe. » Pourtant, regardons autour de nous, choisissons au hasard quelqu'un, nous efforçant de porter sur lui un jugement définitif sans idée préconçue. Inévitablement nous serons assaillis de mille contradictions ; et en fin de compte, il y a gros à parier que nous ne nous prononcerons pas. S'il s'agit au contraire d'un héros ou d'une héroïne d'un roman du type balzacien, il ne nous faudra pas beaucoup de temps pour lui appliquer l'épithète de sympathique ou d'antipathique, sinon d'infâme ou de sublime. Au vrai, nous avons un tel goût de juger notre prochain, en dépit de la défense évangélique, que là est sans doute une des raisons qui fait le succès du genre romanesque : il nous propose des hommes et des femmes sur la valeur desquels nous sommes sûrs de ne pas nous tromper ; le lecteur, même lettré, aussi bien que le cocher de fiacre, souhaite obscurément de haïr le traître et d'adorer la jeune orpheline. Ce n'est pas parce que les héros de Dostoïevsky sont russes qu'ils apparaissent à beaucoup de lecteurs français si déroutants, c'est parce qu'ils sont des hommes pareils à nous, c'est-à-dire des chaos vivants, des individus si contradictoires que nous ne savons que penser d'eux ; c'est que Dostoïevsky ne leur impose aucun ordre, aucune logique autre que cette logique de la vie qui du point de vue de notre raison est l'illogisme même. Nous sommes stupéfaits de voir ses personnages éprouver à chaque instant des sentiments opposés à ceux qu'il serait naturel et normal qu'ils ressentissent ; mais qui d'entre nous, s'il s'observe sans parti pris, ne s'étonne des sentiments inattendus, saugrenus, que souvent il découvre en lui ? Seulement nous n'en tenons pas compte, nous ne tenons pas compte du réel ; en chaque circonstance de notre vie, nous nous appliquons à ressentir ce qu'il est logique et convenable que nous ressentions ; nous nous imposons cette même règle que le romancier français impose à ses créatures.

Dans une des conférences qu'il a consacrées à Dostoïevsky, André Gide — l'un des Français qui a le mieux compris le grand romancier — notait à ce sujet : « La convention est la grande pourvoyeuse de mensonges. Combien d'êtres ne contraint-on pas à jouer toute leur vie un personnage étrangement différent d'eux-mêmes, et combien n'est-il pas difficile de reconnaître en soi tel sentiment qui n'ait été précédemment décrit, baptisé, dont nous n'ayons devant nous le modèle. Il est plus aisé à l'homme d'imiter tout que d'inventer rien. Combien d'êtres acceptent de vivre toute leur vie tout contrefaits par le mensonge, qui trouvent malgré tout, et dans le mensonge même de la convention, plus de confort et moins d'exigence d'effort que dans l'affirmation sincère de leurs sentiments particuliers. Cette affirmation exigerait d'eux une sorte d'invention dont ils ne se sentent pas capables. »

Impossible pour nous désormais de ne point souhaiter de rompre cette convention si bien définie par Gide. Qui a entendu profondément la leçon de Dostoïevsky ne peut plus s'en tenir à la formule du roman psychologique français, où l'être humain est en quelque sorte dessiné, ordonné, comme la nature l'est à Versailles. Et ceci n'est pas une critique : j'adore Versailles, et la *Princesse de Clèves* et *Adolphe*. Mais il nous est impossible de ne pas avoir été attentifs à une autre leçon. Et ici sans doute touchons-nous au point essentiel : le problème qui se pose chez nous à l'écrivain d'imagination, c'est de ne rien renier de la tradition du roman français, et pourtant de l'enrichir grâce à l'apport des maîtres étrangers, anglo-saxons et russes, et en particulier de Dostoïevsky. Il s'agit de laisser à nos héros l'illogisme, l'indétermination, la complexité des êtres vivants ; et tout de même de continuer à construire, à ordonner selon le génie de notre race, — de demeurer enfin des écrivains d'ordre et de clarté.

VII

Le conflit entre ces deux exigences : d'une part, écrire une œuvre logique et raisonnable — d'autre part, laisser aux personnages l'indétermination et le mystère de la vie — ce conflit nous paraît être le seul que nous ayons vraiment à résoudre. Je n'attache, pour ma part, guère d'importance à d'autres antinomies dont certains critiques prétendent embarrasser les romanciers modernes. On en connaît, par exemple, qui soutiennent qu'aucun roman ne saurait plus être considéré comme une œuvre d'art, sous prétexte que le roman n'use que du langage parlé et que, depuis Chateaubriand, le divorce est consommé entre la langue qui se parle et celle que l'on écrit. Selon ces critiques, on serait un bon romancier dans la mesure où l'on ne serait pas un artiste. Ce n'est point ici le lieu de développer les raisons qui nous font croire, au contraire, avec M. Ramon Fernandez — un remarquable critique-philosophe — « qu'un roman réussi est le plus artistique de tous les genres, précisément parce que son équilibre esthétique est plus intérieur, plus indépendant de règles apparentes et fixes. » Mais reconnaissons que c'est l'honneur des romanciers d'aujourd'hui d'avoir su peindre le réel, tout en demeurant de scrupuleux artistes. C'est même ce scrupule qui demeure le trait commun entre des écrivains par ailleurs très différents : Duhamel, Morand, Carco, Maurois, Montherlant, Vaudoyer, Lacretelle, Giraudoux. Beaucoup plus que leurs aînés, ces écrivains ont le souci de la forme et savent concilier les exigences de l'art avec l'obligation de peindre la réalité la plus quotidienne. C'est en effet parce qu'ils veulent aller le plus loin possible dans la peinture de passions que le souci du style, chez eux, domine. Tout oser dire, mais tout oser dire chastement, voilà à quoi aspirent les romanciers d'aujourd'hui. Ils ne séparent pas l'audace de la pudeur. Leur pudeur croît en proportion de leur audace et, par là, ils demeurent fidèles à la tradition classique. Unir l'extrême audace à l'extrême pudeur, c'est une question de style. Le souci de la forme, chez un écrivain, l'a-t-il jamais empêché de créer des êtres ? Des prosateurs aussi parfaits que le sont les Tharaud, le jour où ils veulent être des romanciers, nous donnent l'admirable *Maîtresse Servante*. Non ; un seul dilemme nous paraît menaçant : celui qui a trait à l'action du romancier sur ses créatures. Jusqu'à quel point est-il leur maître ? Il ne peut en tirer les ficelles, comme à des pantins, — ni les abandonner à elles-mêmes, car alors il ne nous montrerait plus que des êtres contradictoires, partagés entre mille velléités et qui, finalement, n'avancent pas.

Au risque de paraître un peu sacrilège, osons dire que les difficultés qui se présentent au romancier, dans ses rapports avec ses personnages, ressemblent beaucoup à celles que les théologiens de toutes les confessions chrétiennes ont essayé de résoudre dans les rapports de Dieu avec l'homme. Ici comme là il s'agit de concilier la liberté de la créature et la liberté du Créateur. Il faut que les héros de nos romans soient libres — au sens où un théologien dit que l'homme est libre ; il faut que le romancier n'intervienne pas arbitrairement dans leur destinée (de même que, selon Malebranche, la Providence n'intervient pas dans le monde par des volontés particulières). Mais, d'autre part, il faut aussi que Dieu soit libre, infiniment libre d'agir sur sa créature ; et il faut que le romancier jouisse de la liberté absolue de l'artiste en face de son ouvrage. Si nous voulions nous divertir à pousser la comparaison, nous dirions que dans ce débat de la Grâce, transposé sur le plan de la création artistique, le romancier français qui suit, sans y rien changer et avec une logique rigoureuse, le plan qu'il a conçu, et qui dirige par une rigueur inflexible les personnages de ses livres dans la voie qu'il leur a choisie, le romancier français ressemble au Dieu de Jansénius.

Ce mystère de la prédestination transposé sur le plan littéraire, pour être moins angoissant, n'en est pas moins difficile à débrouiller. Qu'il me soit permis d'apporter ici, en homme de métier, le témoignage de mon expérience : lorsque l'un de mes héros avance docilement dans la direction que je lui ai assignée, lorsqu'il accomplit toutes les étapes fixées par moi, et fait tous les gestes que j'attendais de lui, je m'inquiète ; cette soumission à mes desseins prouve qu'il n'a pas de vie propre, qu'il ne s'est pas détaché de moi, qu'il demeure enfin une entité, une abstraction ; je ne suis content de mon travail que lorsque ma créature me résiste, lorsqu'elle se cabre devant les actions que j'avais résolu de lui faire commettre ; peut-être est-ce le fait de tous les créateurs de préférer à l'enfant sage l'enfant récalcitrant, l'enfant prodigue. Je ne suis jamais tant rassuré sur la valeur de mon ouvrage que lorsque mon héros m'oblige à changer la direction de mon livre, me pousse, m'entraîne vers des horizons que d'abord je n'avais pas entrevus. Ceci peut nous aider à comprendre que, tout en ordonnant la psychologie des protagonistes de nos drames, selon la tradition française, nous puissions cependant, dans une mesure qu'il appartient à chaque créateur de déterminer pour lui-même, nous puissions faire confiance à ces êtres sortis de nous et à qui nous avons insufflé la vie, respecter leurs bizarreries, leurs contradictions, leurs extravagances, — tenir compte enfin de tout ce qui en eux nous paraît imprévu, inattendu, car c'est là le battement même du cœur de chair que nous leur avons donné.

VIII

Cet accord entre l'ordre français et la complexité russe, les meilleurs d'entre nous, plus ou moins consciemment, s'efforcent de le réaliser. Mais pour cela, il leur faut bien se refuser à rien méconnaître dans l'homme. Rien ne leur est étranger de ce qui est humain : ce secret des cœurs, dont Maritain nous assure qu'il est fermé aux anges eux-mêmes, un romancier d'aujourd'hui ne doute pas que sa vocation la plus impérieuse soit justement de le violer.

Le peut-il faire sans péril — nous ne disons pas pour lui-même et pour ses frères — nous réservons ici le côté moral du problème — mais sans péril pour son art? Ce parti pris de vouloir capter dans l'homme l'instinct à sa source même, les puissances les plus obscures, les plus troubles bouillonnements, — cette brutale mise en lumière de ce que Maritain dénomme la sensibilité la plus individuelle et que nos prédécesseurs abandonnaient en tremblant au regard de Dieu, — une telle audace ne trouve-t-elle pas son châtiment immédiat, et dans notre œuvre même? Les forces obscures de la sensibilité, ce n'est pas nous-mêmes; nous ne sommes pas, en effet, nous nous créons. En cherchant à ne connaître dans l'être humain que ce qui lui appartient en propre, que ce qui ne lui est pas imposé, nous risquons de ne plus travailler que sur de l'inconsistant et de l'informe ; nous risquons que l'objet même de notre étude échappe à l'emprise de l'intelligence, se défasse et se décompose. C'est l'unité même de la personne humaine qui se trouve ainsi compromise. Car enfin nos idées, nos opinions nos croyances, pour être reçues du dehors, n'en font pas moins partie intégrante de notre être. Dans *l'Étape*, de M. Paul Bourget, le jacobin Monneron, et le traditionaliste Ferrand, dont les moindres gestes les moindres paroles sont commandées par leur philosophie, ne nous en paraissent pas moins des créatures de chair et de sang. C'est qu'en vérité les idées philosophiques et religieuses d'un homme créent en lui une seconde nature, à la lettre, un homme nouveau, aussi réel que l'animal instinctif que, sans elles, il fût demeuré. Et nous comprenons qu'un Bourget ait le droit d'imposer une logique rigoureuse aux sentiments humains, dans la mesure où les êtres qu'il étudie ont en effet introduit une logique, une discipline intellectuelle et morale dans leur vie. Ne vouloir connaître de l'homme que son instinct le plus individuel, n'avoir d'autre ambition que d'embrasser d'un regard toujours plus lucide le chaos humain, que d'en enregistrer tous les mouvements confus et transitoires, il y a là une menace redoutable pour le roman moderne et qui pèse singulièrement sur l'œuvre de Marcel Proust ; — oui, cette œuvre admirable nous peut servir, à ce point de vue, d'exemple et d'avertissement.

En un seul endroit de son œuvre, lorsqu'il nous décrit la mort du romancier Bergotte, Marcel Proust fait allusion à sa foi en un monde différent, fondé sur la bonté, le scrupule, le sacrifice, un monde entièrement différent de celui-ci. Eh bien, puisque c'est notre ambition à nous, romanciers, d'appréhender tout l'homme, de n'en rien laisser dans l'ombre, reconnaissons que cette foi, que cette aspiration fait partie intégrante de notre cœur au même titre que les passions les plus basses. Le don de soi, le goût de la pureté et de la perfection, la faim et la soif de la justice, cela aussi c'est le patrimoine humain ; de cela aussi, romanciers, nous devons rendre témoignage. Pourquoi n'accepterions-nous comme authentiques, dans l'homme, que les remous de sa sensualité et que ses hérédités les plus obscures ? C'est parce qu'il a vu dans ses criminelles et dans ses prostituées des êtres déchus mais rachetés, que l'œuvre du chrétien Dostoïevsky domine tellement l'œuvre de Proust. Dieu est terriblement absent de l'œuvre de Marcel Proust, ai-je écrit un jour. Nous ne sommes point de ceux qui lui reprochent d'avoir pénétré dans les flammes, dans les décombres de Sodome et de Gomorrhe ; mais nous déplorons qu'il s'y soit aventuré sans l'armure adamantine. Du seul point de vue littéraire, c'est la faiblesse de cette œuvre et sa limite ; la conscience humaine en est absente. Aucun des êtres qui la peuplent ne connaît l'inquiétude morale, ni le scrupule, ni le remords, ni ne désire la perfection. Presque aucun qui sache ce que signifie : pureté, ou bien les purs, comme la mère ou comme la grand-mère du héros, le sont à leur insu, aussi naturellement et sans effort que les autres personnages se souillent. Ce n'est point ici le chrétien qui juge : le défaut de perspective morale appauvrit l'humanité créée par Proust, rétrécit son univers. La grande erreur de notre ami nous apparaît bien moins dans la hardiesse parfois hideuse d'une partie de son œuvre que dans ce que nous appellerons d'un mot: l'absence de la Grâce. A ceux qui le suivent, pour lesquels il a frayé une route vers des terres inconnues et, avec une patiente audace, fait affleurer des continents submergés sous les mers mortes, il reste de réintégrer la Grâce dans ce monde nouveau.

IX

Flaubert n'ambitionnait aucune autre gloire que celle de démoralisateur. Les romanciers d'aujourd'hui accusés, chaque jour, de corrompre la jeunesse, s'en défendent si mollement qu'on pourrait croire qu'ils partagent en effet l'ambition de leur grand aîné, et qu'ils donnent en secret raison à ceux qui les dénoncent. Pour mon compte, depuis que de pieux journaux me harcèlent, à peine ai-je agité les oreilles, comme les mules de mon pays, à la saison des mouches.

Mais peut-être le temps est-il venu de rappeler quelques vérités premières ; et d'abord, celle-ci : impossible de travailler à mieux faire connaître l'homme, sans servir la cause catholique. Entre toutes les apologies inventées depuis dix-huit siècles, il en est une, dont les *Pensées* de Pascal demeurent la plus haute expression, qui ne finira jamais de ramener les âmes au Christ : par elle est mise en lumière, entre le cœur de l'homme et les dogmes chrétiens, une étonnante conformité.

Le roman, tel que nous le concevons aujourd'hui, est une tentative pour aller toujours plus avant dans la connaissance des passions. Nous n'admettons plus que des terres inconnues enserrent le pays du Tendre, sur la vieille carte dressée par nos pères. Mais à mesure que nous nous enfonçons dans le désert, l'absence de l'eau plus cruellement nous torture, nous sentons davantage notre soif.

Il n'est pas un romancier — fût-il audacieux, et même plus qu'audacieux — qui, dans la mesure où il nous apprend à nous mieux connaître, ne nous rapproche de Dieu. Jamais un récit, ordonné tout exprès pour nous montrer la vérité du christianisme, ne m'a touché. Il n'est permis à aucun écrivain d'introduire Dieu dans son récit, de l'extérieur, si j'ose dire. L'Être Infini n'est pas à notre mesure ; ce qui est à notre mesure, c'est l'homme ; et c'est audedans de l'homme, ainsi qu'il est écrit, que se découvre le royaume de Dieu.

Un récit qui veut être édifiant, fût-il l'œuvre d'un excellent romancier, nous laisse l'impression d'une chose arrangée, montée de toutes pièces, avec le doigt de

Dieu comme accessoire. Au contraire, nul ne peut suivre le *Chéri* de Colette ni atteindre, à travers quelle boue! ce misérable divan où il choisit de mourir, sans comprendre enfin, jusqu'au tréfonds, ce que signifie : *misère de l'homme sans Dieu.* Des plus cyniques, des plus tristes confessions des enfants de ce siècle monte un gémissement inénarrable. Aux dernières pages de Proust, je ne peux plus voir que cela : un trou béant, une absence infinie.

Qu'est-ce d'abord qu'un chrétien ? C'est un homme qui existe en tant qu'individu ; un homme qui prend conscience de lui-même. L'Orient ne résiste, depuis des siècles, au Christ que parce que l'Oriental nie son existence individuelle, aspire à la dissolution de son être, et souhaite de se perdre dans l'universel. Il ne peut concevoir que telle goutte de sang ait été versée pour lui, parce qu'il ne sait pas qu'il est un homme.

C'est pourquoi la littérature, en apparence la plus hostile au christianisme, demeure sa servante ; même ceux qui n'ont pas fini par « s'écrouler au pied de la croix », à l'exemple des écrivains que Nietszche dénonce, même ceux-là ont servi le Christ, ou plutôt le Christ s'est servi d'eux. Une France, telle que la rêvent M. Jean Guiraud et l'abbé Bethléem, une France où n'existeraient ni Rabelais, ni Montaigne, ni Molière, ni Voltaire, ni Diderot (pour le reste, consulter l'Index) serait aussi une France sans Jean Guiraud et sans abbé Bethléem parce qu'elle ne serait pas une France chrétienne. Les humanistes ont hâté, sans le vouloir, le règne du Christ, en donnant à l'homme la première place. Ils ont assigné la première place à la créature qui porte partout, sur son visage auguste, dans son corps, dans sa pensée, dans ses désirs, dans son amour, l'empreinte du Dieu tout-puissant. Le plus souillé d'entre nous ressemble au voile de Véronique et il appartient à l'artiste d'y rendre visible à tous les yeux cette Face exténuée.

Non, nous ne sommes pas des corrupteurs, nous ne sommes pas des pornographes. Si nous comprenons, si nous désirons que des barrières soient dressées autour de nos livres pour en défendre l'approche aux êtres jeunes et faibles, nous savons d'expérience que le même ouvrage qui aide au salut de beaucoup d'âmes en peut corrompre plusieurs autres. Cela est vrai, même de l'Écriture. N'est-ce pas l'erreur initiale de beaucoup d'éducateurs, de croire qu'en ne parlant pas des passions, on les supprime ? Nourri entre les murs d'un couvent, sans livres, sans journaux, ne doutez pas qu'un adolescent les découvre toutes, car il les porte toutes en lui. Il n'y a pas, hélas ! que le Royaume de Dieu qui soit au-dedans de nous.

Le romancier peut et doit tout peindre, dit quelque part Jacques Maritain, à condition qu'il le fasse sans connivence et qu'il ne soit pas avec son sujet en concurrence d'avilissement. Là réside justement le problème. On ne peint pas de haut des créatures avilies. Elles doivent être plus fortes que leur créateur, pour vivre. Il ne les conduit pas ; c'est elles qui l'entraînent. S'il n'y a pas connivence, il y aura jugement, intervention et l'œuvre sera manquée. Il faudrait être un saint... mais alors, on n'écrirait pas de roman. La sainteté, c'est le silence. Impossible d'exorciser le roman, d'en chasser le diable (à moins de le prendre par les cornes, comme a fait Bernanos).

Et sans doute, malheur à l'homme par qui le scandale arrive. Un écrivain catholique avance sur une crête étroite entre deux abîmes : ne pas scandaliser, mais ne pas mentir ; ne pas exciter les convoitises de la chair, mais se garder aussi de falsifier la vie. Où est le plus grand péril : faire rêver dangereusement les jeunes hommes ou, à force de fades mensonges, leur inspirer le dégoût du Christ et de son Église ? Il existe aussi une hérésie de niaiserie ; et Dieu seul peut faire le compte des âmes éloignées à jamais par... mais non, donnons l'exemple de la charité. Efforçons-nous même de comprendre nos accusateurs. Ils continuent, dans l'Église, une tradition, et sans remonter jusqu'aux Pères, souvenons-nous de ce qu'écrivait Nicole, à la grande fureur de Jean Racine « que les qualités (de romancier et d'homme de théâtre) qui ne sont pas fort honorables au jugement des honnêtes gens, sont horribles étant considérées d'après les principes de la religion chrétienne et les règles de l'Évangile. Un faiseur de romans et un poète de théâtre est un empoisonneur public, non des corps mais des âmes des fidèles, qui se doit regarder comme coupable d'une infinité d'homicides spirituels. »

Faut-il en croire ce janséniste et M. Jean Guiraud devant qui M. Henry Bordeaux lui-même ne trouve pas grâce ? Pour nous, nous avons décidé de faire un acte de Foi : nous croyons ne pas nous tromper si, étudiant l'homme, nous demeurons véridique. Nous nous vouons à la découverte intérieure. Nous ne dissimulerons rien de ce que nous aurons vu. Nous faisons nôtre cette grande parole d'un romancier russe que Jean Balde, à la fin d'un très beau rapport sur le roman, a eu raison de rappeler aux écrivains catholiques : « J'ai poursuivi la vie dans sa réalité, non dans les rêves de l'imagination, et je suis arrivé ainsi à Celui qui est la source de la Vie. »

X

Les créatures des romanciers leur survivent. Loti est mort, mais son frère Yves et Ramuntcho sont toujours jeunes et pleins de passion. France est mort, mais Dechartre et Mme Martin-Belléme se cherchent encore sur la terrasse de Fiesole. François Sturel, les frères Baillard veillent Barrès endormi dans la terre de Charmes. Arrêtons-nous, un instant, sur ces tombes illustres. Interrogeons-les avec dévotion, mais avec une dévotion critique.

LOTI

En classe de troisième, pendant une longue étude d'hiver, j'ouvris *Matelot* que m'avait donné un ami. Je me rappelle cette angoisse que le surveillant me surprît, cette impuissance à m'arracher au puissant enchantement. Je n'ai jamais voulu rouvrir l'œuvre révélatrice; il ne m'en reste rien, que la vision d'un adolescent qui, avant de s'embarquer, va, dans le petit jour, dire adieu à ce domaine près de la ville où il avait été un enfant; la grille de ce jardin reçoit son visage tendu. Je me souviens aussi d'un ponton où une mère attend sous la pluie : elle s'est parée pour recevoir le fils qui ne doit pas revenir... Ainsi, sur mon adolescence, Loti, pendant cette longue étude d'hiver, déjà étendait l'ombre de la mort. Rien n'est donc si bref, me disais-je, que cette jeunesse en apparence illimitée ?

Quelle est, dans l'amour, cette impossibilité secrète ? Ne le ressentons-nous qu'au déchirement des longues séparations ? La mer, les pays inconnus, des amours étranges et interrompues, cela nous aide à attendre la mort. Sous d'autres cieux, nous oublierons l'immonde agitation occidentale, et si l'Orient nous est fermé, il reste en France de vieux pays que l'Atlantique berce et endort, des races closes, mystérieuses et défendues.

Quel poète du dernier siècle et du nôtre

n'a développé ce thème ? L'éternel écoulement des choses, l'immense fleuve d'oubli qui nous roule vers l'abîme sans nom : sur ce motif, toute notre littérature depuis cent ans s'épuise. Mais les autres ont prétendu y fonder un système, ils avaient des idées générales et se plaisaient à raisonner, les jeux de l'intelligence leur étaient un divertissement. Loti, lui, ne s'interrompt pas pendant quarante ans de hurler à la mort. Toute son œuvre n'est qu'une plainte monotone, déchirante. Écoutez cet enfant dans les ténèbres : vous ne le rassurerez pas, il ne comprend pas vos raisons. Il ramasse, il couve désespérément les vestiges de ses amours ; il souffle sur des cendres froides, encombre sa mémoire et sa maison de reliques, se raccroche à toutes les branches des rives qui le fuient et ne se sépare plus des feuilles mortes qui lui restent aux doigts.

Du moins, cet état de transe, cette angoisse dans laquelle c'est le dessein d'un Pascal de nous entretenir, n'en aura-t-il pas le bénéfice spirituel ? A l'apparent écoulement des choses, le Christ est venu opposer un inimaginable défi : « J'attirerai tout à moi. » Tout, pauvre Loti ; et même ce soir, sur le golfe de Salonique où la barque d'Aziyadé fendait l'eau noire ; — tout, et même cette route d'automne où les espadrilles de Ramuntcho faisaient sa marche silencieuse ; — tout et même les ténèbres de ce cachot où tu desserrais les fers de ton frère Yves... Certes, Loti a été sensible à l'humanité du Christ. S'il l'avait rencontré sur sa route, vivant et mortel, sans doute l'aurait-il suivi ; mais il ne l'aurait suivi que jusqu'à la mise au tombeau. N'exigez pas qu'il adhère à une métaphysique. Il se moque bien de vos raisons. Rien ne lui est que ce que touchent les mains et les lèvres. L'Islam, qui matérialise le christianisme, était à sa mesure ; et c'est pourquoi il l'a tant chéri. Sans doute même l'eût-il embrassé si l'impuissance à rien croire n'avait été, dans l'héritage occidental, sa part unique. Ceux qui ont lu les confessions brûlantes d'Isabelle Eberhardt n'ont-ils pas songé qu'en cette enfant nomade, proie du désert et du triste amour, chair soumise aux desseins d'Allah, s'accomplissait la destinée de Loti ?

Des pays et des ciels que ce marin ouvrit à nos songes, il en est un dont on ne pense point à se rappeler qu'il fut le véritable Colomb. D'autres avant lui nous avaient entraînés sur tous les océans et sur tous les fleuves. Mais personne que

Loti n'a éclairé pour nous les ténèbres de ces cœurs sauvages : Yves, Ramuntcho, spahis, quartiers-maîtres, pêcheurs, oiseaux farouches, grands albatros, qu'il a un instant capturés et retenus. Loti avait certes le droit, comme il le fit, de haïr le naturalisme : l'œuvre d'un Zola, d'un Maupassant, calomnie le paysan et l'ouvrier. Lui seul, à travers les grossièretés, les brutalités de surface, a atteint cette âme vierge du peuple, cette terre inconnue dont aucune culture n'a changé l'aspect éternel, cette mer qui, en dépit des pires violences, a sa douceur secrète, sa bonté sans ruse, ses longues fidélités.

Mais s'il a pris en pitié leur vie misérable, cet asservissement aux disciplines aveugles, ces agonies dans la brousse, ou sur un grabat d'hôpital, ou dans les océans glacés, — s'il nous a montré sur les routes et sur les môles de vieilles mères désespérées et des femmes qui n'attendent plus, Loti n'a jamais connu la tentation de souffler la révolte ni de construire des systèmes. Il est guéri de tout espoir ; rien ne prévaut, croit-il, contre la douleur ni contre la mort dont tout ce qui s'appelle progrès n'a su que renforcer le règne. Bercez-vous donc, marins, avec les vieilles chansons, goûtez l'anéantissement des alcools mortels et des profondes caresses. Consolez votre cœur dans les églises noires et dorées ; tout est bon qui apaise et qui endort.

Comment les jeunes hommes, ambitieux de comprendre et d'agir, ne s'éloigneraient-ils d'une telle œuvre ? Née de la mer, elle en a l'uniformité, la monotonie, le chuchotement accablé. Rien à fonder

sur ce sable que rongent les marées ; et ils
se souviennent d'un mot de Vauvenargues :
« La pensée de la mort nous trompe, car
elle nous fait oublier de vivre. » Mais
qu'est-ce que vivre ? Où est la vraie vie ?
Il n'est pas de constructeur ni de com-
battant qui parfois ne se relâche et ne
sente douloureusement la vanité de son
effort : secret désespoir de songer qu'à
Babylone, à Carthage, des soldats sont
morts pour une patrie qu'on leur disait
éternelle... Et le monde aussi périra...
Non, la pensée de la mort n'a pas trompé
le Christ, ni tous les martyrs, ni un
Blaise Pascal. Elle peut devenir une
source de vie. Ce fut le malheur de Loti
qu'il y ait vu, non un point de départ,
non un moyen, mais une fin. Il ne l'a pas
dépassée parce qu'il s'y est complu. Il
faut aimer la douleur comme une péni-

tence et comme notre ressemblance avec le Christ ; Loti l'a chérie comme une volupté. Parfois, il a paru admettre son pouvoir de rédemption et de rachat, mais il a prétendu aussi s'en armer ainsi que d'un grief contre le Dieu inconnu. Les tourments de son cœur lui furent un bien si souverain qu'il n'a pas voulu de la Joie.

ANATOLE FRANCE

Il faut répéter sur cette tombe illustre ce que Faguet a dit de Voltaire : « L'esprit moyen de la France était en lui... » Voilà le plus sûr fondement de la gloire : laisser une œuvre où se reflètent les caractères de la race, au point que s'y reconnaissent à la fois les subtils et les simples. Anatole France, vieil enchanteur, enchante Charles Maurras, et aussi cet instituteur qu'un soir nous entendîmes crier dans une réunion publique : « Le prince des lettres françaises (car en littérature j'admets les princes) Anatole France... »

En voilà un qui parle clair — qui énonce clairement ce qu'il conçoit bien! Ce n'est pas un coupeur de cheveux en quatre. Est-il besoin de relire une seule de ses phrases? Tout de suite, on touche le fond ; et n'importe qui le touche. A le suivre, nous ne risquons pas de nous perdre dans le brouillard. Un ignorant lit deux pages du *Jardin d'Épicure* et son œil se mouille : que c'est facile d'être cultivé! Comme on est philosophe à bon compte! Qu'il est aisé de prendre devant la vie une attitude intelligente! Anatole France enseigne aux gens incultes et pressés le moyen court pour devenir un esprit supérieur.

Prêtre sans la foi, il a encensé les idoles de son temps avec un sourire contenu d'augure : les hommes de cette génération ont tous redouté d'être mangés tout crus par Caliban ; mais France n'a jamais rien aimé, dans le monde moderne, que les vestiges du passé ; antiquaire anxieux, il attendait le pillage de sa boutique et a cru bien faire en passant du côté des loups.

Nul doute, d'ailleurs, que cet anarchiste ait été sincère : le métier d'homme de lettres, et surtout de romancier, nous oblige d'aimer mieux l'individu que la société ; nous ne peignons jamais que des êtres opprimés par une loi. Dans un Balzac, un Bourget, un Barrès, un Maurras, nous sentons l'effort pour vaincre leur nature et servir. Ils ne sont devenus bienfaisants qu'au prix d'une dure victoire. Anatole France, lui, fils de Voltaire, a suivi sa pente : il a voulu que l'affaire Dreyfus fût son affaire Calas. Au reste, rien ne nous interdit de croire que l'auteur de *Crainquebille* ait été bon ; — un bon homme, qui sait? Mais pas un grand homme.

Un grand artiste? Il existe aujourd'hui des antiquaires qui achètent très cher du vieux bois pour ajuster de vieux meubles avec une naïveté savante. Ce ne sont pas des truquages : même matière, même procédé; les plus habiles experts s'y laissent prendre. Ainsi Anatole France fabriqua loyalement de l'ancien ; c'est beau comme l'antique ; c'est aussi beau que l'antique. A travers les légendes dorées et les mémoires, ce vieux bûcheron a ramassé les branches des arbres où ont frémi les nymphes ; il a rapporté des marbres qui avaient encore la forme d'un torse divin.

Il n'a guère créé : *Thaïs*, *Jérôme Coignard*, *Évariste Gamelin* sont de bonnes copies d'après les meilleurs modèles. Voilà peut-être le seul grand romancier dont on puisse dire que l'érudition a nourri l'œuvre. En dépit d'une réussite comme *le Lys rouge* et surtout comme *l'Orme du Mail*, l'histoire contemporaine l'a moins bien servi. Cet homme de gauche, pour observer les êtres et les mœurs, avait besoin d'un recul de plusieurs siècles ; il ne respirait à l'aise que sous les rois ; en somme il fut étranger au monde moderne, ennemi de son temps au point de le livrer sans scrupule aux barbares (un excès d'aristocratie et de « misonéisme » confine à l'anarchie). Entre les vivants, il n'a guère su appréhender que lui-même : Sylvestre Bonnard, M. Bergeret ; et encore, nous ne le jugeons pas si mal que de croire qu'il ait jamais ressemblé à ce professeur intarissable.

Qu'il devait avoir d'esprit! Cet esprit, peut-être l'avait-il rapporté aussi de ses incursions dans la vieille France ; après lui, nous ne voyons plus personne pour sourire de ce « hideux sourire » voltairien, qui avait bien du charme. C'est l'esprit d'Anatole France qui a « nécessité » son style — ce style à facettes et miroitant, et où se sont prises tant d'alouettes ; — style élégant, certes, mais dont l'élégance coûta cher : il fallut rompre les reins à la période, désosser la phrase.

« Notre bon maître » n'est pas un maître : qu'est-ce donc qu'un maître sans disciple ? Et qui, parmi les auteurs vivants, accepta jamais ses directions ? Ce n'est pas son pyrrhonisme qui nous éloigne, car il existe des sceptiques dont nous recevons nourriture : on ne peut pas vivre sans Montaigne. Mais la négation, chez Anatole France, a je ne sais quoi de grêle, de pauvre ; elle n'est l'envers d'aucune foi ;

elle ne commence rien; elle finit tout. Un autre esprit de sa famille spirituelle, Remy de Gourmont, offre plus de ressources, plus de détours; la pensée de Gourmont épouse la science vivante et conclut parfois contre sa passion antireligieuse. France, lui, hurle avec les loups — disions-nous —; osons ajouter avec les loups de la plus basse espèce. Sa préface aux discours de Combes, sa diatribe à Tréguier, devant la statue de Renan, où il accusa le Christ de « fraude consciente », quelle humiliation pour les lettres françaises, puisqu'on nous dit, qu'aux yeux des autres peuples, il les personnifie, hélas!

C'est vrai qu'il occupe une place trop grande pour lui; mais rien ne sert de nier qu'il a des chances de s'y maintenir longtemps encore; ce ne sont pas toujours les meilleurs qui surnagent, mais souvent les plus légers. Et puis, nous recherchons dans les livres ce qui nous est particulier; chaque époque met à la mode ceux qui font un sort à ses tics, à ses manies; l'actualité, qui assure le succès d'un ouvrage, est aussi ce qui le rend illisible après très peu d'années. C'est la force d'Anatole France d'avoir évité le particulier et de s'en être tenu à des thèmes très simples, accessibles aux hommes de tous les pays. Il a mis au service de paradoxes, faits pour éblouir la foule immense des demi-lettrés, une langue limpide, d'une syntaxe qui, à l'étranger, dans les classes de français, doit faire la joie et la consolation des commençants.

Il nous arrive souvent de nous interroger dans les conjonctures présentes : que ferait Jaurès ? Que diraient Sembat, Péguy, Barrès ? Mais d'Anatole France, aucun parti n'attendait rien. Tous l'utiliseront mieux, mort que vivant; et il fournira de textes l'*Action Française* et *l'Humanité*.

Anatole France ou les dangers de la culture. C'est le titre que nous pourrions donner à une étude sur son œuvre et en particulier sur *les Dieux ont soif.* On se souvient qu'il y fait une peinture exacte et terrible du jacobin : terrible parce qu'elle est exacte. Son Évariste Gamelin, juré au tribunal révolutionnaire, est dévoré de zèle pour la patrie ; il est bon et vertueux jusqu'à vouloir immoler tous les méchants et tous les corrompus. C'est un homme nourri des grands exemples d'Athènes et de Rome. Car nous combattons pour le grec et pour le latin contre la Barbarie, sans songer que les maîtres inhumains de la France, sous la Terreur, avaient fait d'excellentes humanités. L'école de Brutus n'est pas une école de douceur, et le bonhomme Plutarque fournit autant d'exemples qu'en exige, pour sa justification, le bonhomme Robespierre. Le mépris de la vie humaine, remarquable chez les bourreaux de la Terreur, plus remarquable encore chez leurs victimes qui mouraient sans un cri, cela s'apprend à l'école des stoïques; et il n'y eut que la pauvre Du Barry, qui ne connaissait pas Épictète, ni Marc-Aurèle, ni Sénèque, pour hurler sans vergogne devant la mort. Dès 1789, Camille Desmoulins déclare qu'il veut être l'écho d'Homère, de Cicéron et de Plutarque. Girondins et Jacobins se réconcilient dans le culte des grands Anciens et des grandes phrases : ils tuent et meurent, la bouche pleine de leurs sentences.

Anatole France nous montre, par le

portrait d'Evariste, qu'il juge les Jacobins naïfs, horribles et ridicules. Il les raille comme il raille tous les hommes qui ont une foi. Il renverse tous les autels et ceux mêmes de la déesse Raison. Entre toutes les causes de son évolution vers les partis extrêmes, il faut d'abord nommer la volupté de détruire. Il est peu probable que le vieux maître croie aux bienfaits du marxisme ; mais il est certain qu'il trouve agréable de songer que le monde brûlera et avec lui tous les rois, tous les curés, tous les académiciens, tous les journalistes, tous les militaires, tous les prolétaires. C'est pourquoi il est l'ami de ceux qui préparent les torches. Même dans le temps de sa bénignité, lorsqu'il écrivait *le Jardin d'Épicure,* déjà il se délectait à anéantir en esprit la race des hommes :
« ... Un jour, le dernier d'entre eux exha-

lera sans haine et sans amour dans le ciel ennemi le dernier souffle humain. Et la terre continuera de rouler, emportant à travers les espaces silencieux les cendres de l'humanité, les poèmes d'Homère et les augustes débris de marbres grecs, attachés à ses flancs glacés. Et aucune pensée ne s'élancera plus vers l'infini, du sein de ce globe où l'âme a tant osé... » Pourquoi s'épuiser à conserver ce qui fatalement sera détruit? Notre goût de destruction est en harmonie avec la destinée du monde. Et le vieux maître, héritier des anciens, nourri de leur sagesse, — lui dont on a pu écrire qu'il était l'extrême fleur du génie latin, appelle de ses vœux les juifs de Moscou et leur garde tartare.

RADIGUET

Raymond Radiguet fut-il un enfant prodige ? Il fut, tout au moins, prodigieusement lucide ; lucidité sans exemple dans un âge si tendre. Ceux d'entre nous qui eurent l'imprudence de publier des livres à vingt ans, ont reconnu plus tard comme leur prime jeunesse déformait le monde et eux-mêmes. Pas plus qu'un mort n'est jamais revenu nous décrire ce qui se passait outre tombe, aucun adolescent, avant Radiguet, ne nous avait livré le secret de son adolescence ; nous en étions réduits à nos souvenirs qui sont des photographies truquées. Dans *Le diable au corps,* Radiguet nous livrait de son printemps une image sans retouche. A ce défaut de retouche, son œuvre devait de paraître choquante, parce que rien ne ressemble plus au cynisme que la clairvoyance.

Donc, *Le diable au corps* scandalisa, et il inquiétait aussi la race nombreuse de ceux qui n'aiment pas les soleils levants. Mais, se disaient-ils, pour reprendre cœur, le propre d'un miracle est de ne pas se renouveler ; voilà un garçon qui a vidé devant nous son sac d'écolier ; son expérience est trop courte pour qu'il retrouve grand'chose à nous dire... Hélas ! le 12 décembre 1923, ils purent ajouter « Raymond Radiguet ne nous dira plus rien... »

Voici pourtant ce *Bal du comte d'Orgel.* Radiguet connut-il d'avance qu'il ne devait pas perdre de temps ? Il lui a suffi de traverser le monde, sans rien dire, pour ramasser ce butin splendide. Pressé, il n'a pas pris la peine de brouiller les figures de ses modèles ; et ceux qui se plaisent au jeu de soulever les masques, *Le bal du Comte d'Orgel* leur en donnera l'amusement ; mais qu'ils ne s'y arrêtent pas ; aucun livre qui mérite moins que celui-là d'être appelé un roman à clef et qui atteigne plus sûrement l'universel.

Pour écrire à vingt ans *Le bal du Comte d'Orgel*, il ne suffit pas d'être comblé des dons les plus rares, il faut avoir réfléchi sur son métier ; et c'est admirable que, si jeune, Radiguet ait su dégager les deux lois, selon nous, essentielles, du roman... « Roman où c'est la psychologie qui est romanesque, a-t-il écrit lui-même à propos du *bal* ; le seul effort d'imagination est appliqué là, non aux événements extérieurs, mais à l'analyse de sentiments. » Le roman psychologique diffère-t-il du roman d'aventures? En rien, c'est une même chose, répond Radiguet, et il le prouve. *Le bal du Comte d'Orgel* offre plus de péripéties et nous tient plus haletants qu'aucun ouvrage chargé d'intrigues; tout pourtant s'y passe à l'intérieur des êtres. Ce qu'on appelle roman d'aventures, et qui n'est qu'un enchevêtrement factice de circonstances, peut bien nous divertir, au sens pascalien du mot, c'est-à-dire nous détourner de nous-mêmes. C'est en nous-mêmes, pourtant, que se joue le seul drame qui nous intéresse, *notre aventure,* et c'est au véritable artiste de nous y ramener. Je jurerais qu'entre tous ses ouvrages, M. Pierre Benoît considère *Mademoiselle de la Ferté* avec une secrète prédilection.

La seconde loi dont la connaissance permit à un adolescent d'écrire ce chef-d'œuvre de mesure, *Le bal du Comte d'Orgel,* l'âge de Radiguet, les conditions de sa vie eussent dû, semble-t-il, lui en rendre la découverte singulièrement difficile. Il a dit de son livre « Roman d'amour chaste, aussi scabreux que le roman le moins chaste... » Pour évaluer à son juste prix une telle découverte, il faut se souvenir de l'apparent désordre où se consuma cette vie brève ; la discipline n'est pas d'un usage courant dans les milieux où Radiguet avait ses habitudes : écoutez comme Jean Cocteau nous raconte « l'apparition » de cet enfant étrange nourri dans l'extrême gauche des Lettres, et qui, plus qu'aucun de nous, mérite l'épithète de classique.

« ...Raymond Radiguet parut. Il avait quinze ans, et s'en donnait dix-huit ; ce qui embrouille ses biographes. Il ne se faisait jamais couper les cheveux. Il était myope, presque aveugle, ouvrait rarement la bouche. La première fois qu'il vint me voir, envoyé par Max Jacob, on me dit : « Il y a dans l'antichambre un enfant avec une canne... » Comme il habitait le parc Saint-Maur, au bord de la Marne, nous l'appelions le miracle de la Marne. Il retournait peu chez lui, couchait n'importe où, par terre, sur des tables, chez les peintres de Montparnasse et de Montmartre. Quelquefois il sortait d'une poche un sale petit papier chiffonné. On repassait le chiffon et on lisait un poème frais comme un coquillage, comme une grappe de groseille. »

Non seulement Radiguet vivait dans cette anarchie, mais il voyait aussi le succès des nouveaux venus dans les Lettres, presque tous occupés à peindre des hommes et des femmes dont le plaisir est la seule vocation. Tout autre se fût confié au sillage de Morand, et, sans doute, s'y fût perdu ; rien ne montre mieux, selon nous, l'extraordinaire mérite de Morand que l'intérêt qu'il nous oblige de prendre à des créatures aussi démunies que les siennes et chez qui la passion ne se heurte à rien. Aucun conflit possible, chez Morand ; et d'ailleurs nous n'y songeons même pas, éblouis d'images, ivres d'odeurs, baignés d'une atmosphère qui suffit à notre joie. Guetté par l'érotisme, où tant de jeunes talents aujourd'hui viennent s'abîmer, Paul Morand longe le gouffre et l'évite ; Radiguet, lui, n'en souffre même pas l'approche ; s'il avait le diable au corps, voyez comme les principes de son art étaient austères. « Atmosphère utile au déploiement de certains sentiments, écrit-il en marge du *Bal*, mais ce n'est pas une peinture du monde... le décor ne compte pas. » C'est qu'il peut se donner le luxe de mépriser le décor ; il nous montre des âmes.

Chez Mahaut d'Orgel, l'héroïne de Radiguet, la pureté du cœur donne de l'importance à l'amour. Sa tendresse conjugale, son ignorance de la passion l'empêchent d'en reconnaître l'envahissement délicieux. Sa pureté même l'entraîne à de périlleuses démarches. Plus riche est notre vie morale, plus aussi nos sentiments se compliquent et plus leur interprétation exige à la fois de simplicité et de subtilité. Radiguet nous montre, à travers du cristal, les rouages de ces cœurs tout occupés de se tromper eux-mêmes. « Voilà ce qu'ils croient découvrir en eux... Voilà ce qui s'y passe réellement... », semble-t-il nous dire. Tout son art de romancier tient dans cette formule. Peut-être est-il trop le maître de ses créatures ; elles ne l'entraînent jamais, elles suivent une ligne droite, dont nous souhaiterions parfois qu'elles dévient ; on dirait d'un ressort qui se détend selon une savante prévision..., mais c'est le propre d'une passion qui ramène tout à soi, d'ordonner tous nos actes en vue de se satisfaire ; la passion, dans une certaine mesure, nous mécanise. C'est ce qu'avait bien vu Radiguet, qui aurait vite acquis plus de souplesse. Telle qu'elle est, son œuvre nous suffit, à nous, ses aînés ; la cause est entendue, cet enfant était un maître.

Nous avons cru longtemps qu'il n'existait pas de jeunes romanciers. Radiguet, disions-nous, fut un prodige unique : les jeunes gens ne peuvent nous parler que d'eux seuls ; ils ne connaissent pas les autres. Or voici M. Julien Green qui crée, à vingt-cinq ans, des êtres différents de lui-même. Plusieurs critiques, il est vrai, ont ri de sa prétention à l'objectivité. Mais qu'est-ce donc qu'un romancier objectif, au sens absolu? Si certains personnages sont copiés d'après nature, si d'autres sortent de notre côte comme Ève d'Adam, les grandes figures romanesques, celles que nous n'oublions pas, nous semblent à la fois observées et créées, — fruits de cette union que l'artiste consomme avec le monde extérieur. Telle nous apparaît Adrienne Mesurat.

Elle n'est pas M. Julien Green, mais M. Julien Green s'efforce d'être Adrienne Mesurat : il touche ce qu'elle touche, sent ce qu'elle sent ; il s'incorpore à sa créature. Pour mieux la suivre, il se soumet à cette règle trop négligée aujourd'hui, et sans laquelle aucun récit n'est vivant : M. Julien Green se représente dans ses moindres détours les lieux que fréquentent ses personnages ; il connaît les escaliers, les corridors ; il sait combien il y a de marches au perron et qu'au tournant de la rue, des grappes de glycine pendent d'un mur. Il suit pas à pas Adrienne, avec, parfois, les hésitations et les tâtonnements d'un aveugle qui ne se fie plus à son guide.

A cette jeune fille, Adrienne Mesurat, est départi le don fatal de n'attirer personne. Ce n'est pas seulement parce qu'elle habite une petite ville de province, entre une vieille sœur phtisique et un père aux féroces manies, que cette belle créature n'éveille chez aucun être le moindre amour. La solitude s'attache à Adrienne comme une maladie; elle est née emmurée, elle étouffe. Son amour pour ce médecin chétif, croisé une seule fois sur la route, c'est l'étroite fissure par où vient à la prisonnière un peu de lumière et d'air. Qu'elle favorise la fuite de sa sœur demi-morte, ou que d'un geste forcené elle précipite son père dans l'escalier et l'y laisse râler toute une nuit, Adrienne obéit à l'instinct du captif que nous avons tous été en rêve, et qui franchit un mur, puis un autre encore, mais il en reste un toujours contre lequel nous nous épuisons. La solitude d'Adrienne lui est consubstantielle. Ses bourreaux disparus, elle ne s'évade pas du cercle magique. Durant ce voyage lugubre à Montfort-l'Amaury, à Dreux, la jeune fille porte partout avec elle, comme un astre mort, une atmosphère où nul être ne saurait vivre. Ce qu'elle cherche, d'instinct, auprès de sa louche voisine, Mme Legras, c'est un témoin, une autre créature en qui se refléter, auprès de qui se rassurer, et dont la malheureuse espère obtenir une explication d'elle-même. Mais Mme Legras ressemble à la plupart des êtres moins soucieux de nous comprendre que de nous exploiter. Il ne s'agit pas pour les autres de voir clair en nous, il s'agit de profiter de nous. Quel tentant gibier que cette petite fille qui ne sait pas si elle est criminelle ! Je doute que cette ogresse de Mme Legras eût fait fi (si M. Green n'était si chaste en ses propos) du corps d'Adrienne.

D'un romancier qui n'est pas M. Julien Green, M. E. Berl écrivait : « L'univers auquel il croit, c'est un univers idéaliste où chaque personnage décrit, dans une solitude éternelle, sa nécessaire trajectoire. » Or, le roman ne pouvant se passer de conflits, M. Berl croit à sa fin prochaine. Mais nous voyons, par *Adrienne Mesurat*, que le roman profite de ce qui lui est contraire et s'adapte à notre vision des êtres. Le roman de la solitude humaine, le roman de l'impossible conflit existe : vous le voyez bien. Dans la villa des Charmes, le vieux Mesurat et ses deux filles vivent toujours ensemble et toujours séparés, à la fois aussi rapprochés et aussi étrangers que peuvent l'être des créatures vivantes.

Le père Mesurat est inoubliable. Je m'étonne qu'Edmond Jaloux ne lui trouve pas le caractère français et que les origines anglo-saxonnes de M. Julien Green lui apparaissent dans ce personnage. Voilà pourtant le produit le plus commun du fonctionnarisme, l'homme qui a tourné son moulin pendant des années avec l'idée fixe de la retraite. Temps béni de la retraite où, aux habitudes imposées, le fonctionnaire substituera des habitudes choisies : promenade en ville, achat du journal, visite au chef de gare. Ainsi masque-t-il le néant de sa vie ; mais il suffit d'une infraction à la règle quotidienne, d'une seule brèche dans ce mur, il suffit d'un repas interrompu, pour que le Mesurat se sente démuni, livré aux destins hostiles. D'où sa fureur lorsque, par ses deux filles, l'une phtisique, l'autre amoureuse, une menace pèse sur l'ordre immuable de ses gestes. Il n'est pas de caractère moins exceptionnel que Mesurat ; il n'en est pas de plus français, de plus latin. Le père de famille a gardé, en fait, son pouvoir de vie et de mort sur les enfants : que d'existences étouffées ! que de filles ont vieilli au chevet de l'être qui semble ne les avoir tirées du néant que pour être servi à meilleur compte! Beaucoup d'hommes, nés féroces, ne peuvent s'assouvir que dans les limites du foyer domestique. Néron n'a pas toujours le monde à son usage ; mais une famille est un univers, et qui pourrait être tyrannisé sans témoin, sans historien, s'il n'existait des romanciers.

Le défaut de ce grand livre, *Adrienne Mesurat,* nous apparaît, lorsque nous cherchons les raisons du malaise qu'aucun de ses lecteurs n'évite. Malaise qui ne naît pas, selon nous, de l'atrocité des personnages, mais de ce qu'autour de cet enfer Mesurat, nous ne sentons jamais l'existence d'un monde moins maudit. La peinture de cet enfer ne nous semble ni forcée, ni invraisemblable ; mais il est clos ; aucune brise n'y pénètre, aucun soupir, aucun chant, aucune prière venue des contrées heureuses. Un pays désertique se rattache toujours, par quelque endroit, à un univers plus tempéré. N'y avait-il pas, à La Tour-l'Évêque, des couples sur les bancs des squares, des accordéons dans les petits cafés ?

Julien Green enferme son lecteur dans le cachot d'Adrienne. Nous étouffons avec cette enterrée vivante. Mais nous qui ne sommes pas fous, nous devrions entendre ce qu'elle n'entend pas, respirer des odeurs, nous attacher à des visages. Nous avons le sentiment de n'être entourés par rien ; La Tour-l'Évêque ressemble à une île maudite perdue en plein néant ; et c'est pourquoi, malgré l'évocation hallucinante des êtres et des choses, nous croyons nous mouvoir dans un milieu parfois factice, presque irréel, — rêvé plutôt qu'observé. Parvenu à une telle maîtrise, il faut que Julien Green, peintre de l'enfer humain, fraye des avenues, établisse des perspectives sur l'horizon du monde racheté. Pour supporter son perpétuel orage, cette sécheresse, il faut qu'à une brise venue de très loin, nous devinions qu'un peu de pluie est tombée ailleurs. « ... *Et nubes pluant Justum.* »

BARRÈS

Si, depuis qu'il nous a quittés, Maurice Barrès ignore le silence, cette désaffection qui n'épargne guère l'homme le plus illustre au lendemain de sa mort, c'est sans doute que, le grand chêne abattu, à l'espace de terre et de ciel soudain découvert, nous mesurons mieux son envergure que lorsqu'il était debout et vivant.

Mais dirons-nous que c'est au souvenir de Barrès que nous restons fidèles ? Nous n'avons pas à nous souvenir d'un maître qui ne nous a pas quittés. Il demeure au milieu de ses fils ; il les inquiète, les stimule, les irrite parfois : la mort n'a pas interrompu le dialogue entre Barrès et ceux qui sont nés de lui. Le débat passionné se perpétue qui opposait ce père à ses nombreux enfants, — ou plutôt ce grand frère à ses jeunes frères inquiets.

Quel débat? Dans le Barrès adolescent de *Sous l'œil des Barbares* et de *l'Ennemi des Lois*, les plus furieux, les plus désespérés, les plus délirants parmi les nouveaux venus peuvent se reconnaître, — et aussi ceux qui n'accordent aucune signification au mot « vérité », qui ont perdu la foi dans l'intelligence et, en haine de toute discipline, se soumettent au plus obscur d'eux-mêmes, ont le culte de leur confusion, de leur chaos intérieur. Tous ressemblent à ce Barrès de la vingtième année : à la fois ardent et découragé. Rencontre qui d'ailleurs n'offre rien de singulier : il y a bien de l'artifice dans les oppositions que certains s'efforcent de créer entre la génération de la défaite, celle des années 80, celle du type « Agathon », celle de l'après-guerre. Seules diffèrent les circonstances : cette inquiétude éternelle qui, de génération en génération, se perpétue, nous pouvons l'attribuer, selon l'époque, à la honte d'avoir été vaincus ou aux déceptions de la victoire ; au vrai, elle est l'apanage de toutes les jeunesses ; elle naît du premier regard qu'à peine sorti de l'enfance, l'homme jette sur son cœur et sur le monde.

De même que des frères qui ne se ressemblent pas entre eux ressemblent à leur père commun, il n'est guère, aujourd'hui, de jeunes écrivains qui ne se retrouvent dans le réfractaire de *Sous l'œil des Barbares* ; mais il n'en est guère non plus qui aient consenti à chercher leur salut comme l'a voulu Barrès, dès le *Jardin de Bérénice*. Ici, nous touchons à un désaccord profond entre Barrès et beaucoup de ses fils spirituels. Ce désaccord, rien ne l'éclaire mieux que l'enquête sur la politique menée, voici quelques mois, par la *Revue hebdomadaire*, auprès des écrivains de trente à quarante ans ; enquête lamentable, où se trahissait une indifférence presque générale en matière politique. De quel haussement d'épaules Barrès l'eût accueillie ! Adolescent, il avait affecté de juger stupide qu'on pût croire qu'il existe au monde quelque chose d'important ; mais bientôt, ce à quoi il dénia de l'importance, sinon de l'intérêt et du charme, ce fut à l'individuel et à l'éphémère ; il se détacha de ce qui ne dure pas, pour adhérer passionnément à ce qui dure, à ce qui est éternel, ou du moins à ce qui a des chances de durée et d'éternité : à la France.

« Qu'est-ce que les jeunes Français peuvent trouver de plus intéressant que les problèmes du Rhin ? » demande Barrès dans le *Génie du Rhin*. Hélas ! les écrivains ne représentent pas, Dieu merci, toute une génération ; mais il est tout de même grave que nous négligions de servir les grandes causes pour lesquelles Barrès a vécu.

Son exemple, pourtant, nous montre que ce service n'exige pas le renoncement total à la méditation ni au songe. Un Barrès n'était pas enfermé dans sa doctrine nationaliste comme dans un blockaus. Nous savons qu'il redoutait par-dessus tout les systèmes clos où d'autres vivent emmurés. Après le *Jardin sur l'Oronte*, il nous réservait bien d'autres musiques. Ce n'était qu'un jeu, pour cet Ariel, d'échapper aux forces organisées, d'atteindre ce royaume ténébreux qui avait ses complaisances. Aux premières pages du dernier livre qu'il ait signé pour nous : *Une enquête aux pays du Levant*, il nous aide à comprendre ce rythme de sa vie, partagée entre les nécessités du service national et la plus profonde poésie : « Aujourd'hui, au lendemain d'une campagne électorale, pour me récompenser, je vais franchir la zone des pays clairs et pénétrer dans le mystérieux cercle. Je me donnerai une brillante vision, j'éveillerai en moi des chants nouveaux et m'accorderai avec des faits émouvants que je pressens et que j'ignore. J'ai besoin d'entendre une musique plus profonde et plus mystérieuse, et de rejoindre mes rêves que j'ai posés de l'autre côté de la mer, à l'entrée du désert d'Asie. Il s'agit qu'un jour, après tant de contrainte, je me fasse plaisir à moi-même. »

Sans doute, si aucun de nous ne semble détenir cette agilité pour changer d'atmosphère, s'il n'est donné à aucun des successeurs de Barrès de se dépenser l'après-midi à la tribune de la Chambre, ou au sein des Commissions, — pour retrouver, le soir, dans son cœur « cette terre d'Asie toute bruissante de rêves et de forces non organisées », c'est sans aucun doute manque de génie, et pauvreté de spécialiste. Barrès avait peine à concevoir que la littérature pût occuper toute la vie d'un homme; et il ressentait quelque dédain à l'égard des gens de lettres qui ne sont que cela. Pourtant, plusieurs d'entre eux (et je pense surtout aux romanciers), lorsque le souvenir de leur maître les tourmente, peuvent s'inventer une excuse : la littérature ne leur est pas seulement une recette pour s'enchanter ou pour s'émouvoir, ni une musique qui délivre. Bien loin de vouloir échapper aux barbares, il leur est devenu presque impossible de se détourner, aussi peu que ce soit, de leur vocation, qui est la connaissance de l'homme. Le secret des cœurs les obsède au point que la plupart d'entre eux paraissent avoir perdu le sens de l'indignation et du dégoût : rien ne les indigne, rien ne les dégoûte de ce qui est humain. Ne rien laisser échapper en eux ni dans les autres de l'essentiel, cette passion nous aide à comprendre, sans les excuser, que tant d'écrivains aujourd'hui s'approchent des sujets naguère interdits, se livrent eux-mêmes, découvrent leurs plus secrètes plaies, avec une sincérité désespérée.

Mais cet effort, peut-être vain, pour avancer dans la connaissance de l'homme, nous doutons qu'il soit compatible avec une vie dévorée par la politique. Au soir d'une journée parlementaire, un Barrès peut bien s'enchanter soi-même, en se contant *Le jardin sur l'Oronte* : c'est se débarbouiller, après tant d'heures vécues au plus épais des hommes. Mais si c'est à l'homme que son esprit continue de s'attacher, pourra-t-il d'un coup oublier ses préférences, ses haines de parti ? Ces généreuses haines, ce seront elles, au contraire, qui, sur ce plan, le serviront le mieux. *Leurs Figures* est sans aucun doute un livre éternel ; pourtant, si nous admirons cette peinture féroce, elle nous déçoit aussi, dans la mesure où c'est la connaissance de l'homme qui nous importe, et non sa grimace, fût-elle pathétique. Nous ne prétendons point, ici, approuver chez beaucoup d'écrivains d'aujourd'hui leur indifférence politique, — seulement leur trouver une excuse ; il n'est pas accordé à beaucoup de résoudre l'antinomie dont Maurice Barrès a triomphé : Barrès (que Montherlant me pardonne !), à la fois grand écrivain français et grand Français.

Dans cette génération, où le talent littéraire abonde, il n'est personne qui détienne le pouvoir barrésien de changer d'étoile, de passer de l'art à la politique ; de faire servir l'un à l'autre. Mais même, en laissant de côté la politique, en existe-t-il beaucoup qui croient encore qu'un écrivain puisse *servir* ? Duquel d'entre nous pouvons-nous attendre une page qui serait pour les adolescents d'aujourd'hui ce que fut pour ceux de 1889 l'admirable préface du *Disciple* ? Ni Bourget, ni Barrès n'ont légué à notre génération le sens de la responsabilité.

Ou peut-être nous sentons-nous responsables d'une tâche plus humble, mais que seuls nous pouvons remplir. Barrès aimait à citer ce mot de Novalis : « Il faut que le chaos luise à travers le voile régulier de l'ordre. » Il ne s'agit plus pour nous de regarder luire ce monde confus pour en tirer une jouissance, ni même d'y découvrir de beaux thèmes musicaux ; il s'agit de nous y aventurer ; — non plus de le voiler ni de l'arranger selon une règle extérieure, mais de le connaître tel qu'il est. Nous nous efforçons de nous persuader que c'est encore servir la France que de la maintenir au premier rang des nations qui connaissent le mieux l'homme, — à qui n'est étranger aucun des conflits de l'être humain.

Barrès nous eût-il condamnés ? Je me le rappelle à l'enterrement de Marcel Proust, qu'il avait beaucoup aimé sans rien pressentir de sa grandeur. Je crois qu'alors il commençait de l'entrevoir. Mais, n'en doutons pas : un défaut de cette œuvre, et que l'on retrouve dans beaucoup d'autres ouvrages d'aujourd'hui, toujours l'eût rebuté : c'est qu'il n'y aurait rien découvert qui pût servir à ce qu'il jugeait l'unique nécessaire : l'éducation de l'âme.

Table

le roman. 7
LOTI. 85
ANATOLE FRANCE. 95
RADIGUET. 107
BARRÈS. 125